青少年

性教育丛书

人从哪里来

壹卡通动漫 编绘

陕西出版传媒集团
陕西科学技术出版社

图书在版编目（C I P）数据

人从哪里来 / 壹卡通动漫编绘. -- 西安 : 陕西科学技术出版社，2014.10（2020.8重印）
（青少年性教育丛书）
ISBN 978-7-5369-6261-3

Ⅰ. ①人… Ⅱ. ①壹… Ⅲ. ①性教育－青少年读物
Ⅳ. ①R167-49

中国版本图书馆 CIP 数据核字（2014）第 221651 号

青少年性教育丛书·人从哪里来

出 版 者	陕西出版传媒集团　陕西科学技术出版社 西安北大街 131 号　　邮编 710003 电话（029）87211894　传真（029）87218236 http://www.snstp.com
发 行 者	陕西出版传媒集团　陕西科学技术出版社 电话（029）87212206　87260001
印　刷	华睿林（天津）印刷有限公司
规　格	720mm×1000mm　16 开本
印　张	8
字　数	77 千字
版　次	2014 年 10 月第 1 版 2020 年 8 月第 2 次印刷
书　号	ISBN 978-7-5369-6261-3
定　价	19.80 元

preface 序言

对于性，你了解多少呢？我们从哪里来？为什么男孩子进到女厕所是件很害羞的事情呢？诸如此类的问题相信中小学生都曾遇到过。

这些问题在中小学生中尤为重要。首先，处于青春期的中小学生在身体开始发育后，面对生理和心理上的变化，常会感到惊慌失措，甚至以为自己得了什么病，所以，很想了解自己和异性的身体为什么会发生这样的变化，对性知识表现出极大的兴趣。其次，由于目前我国性教育知识普及的不足，不少中小学生出现性道德扭曲、感染性病、堕胎、性犯罪等问题，严重危害到了中小学生的身心健康。

中小学生是祖国的未来和希望，青春期正是中小学生长身体和长知识的重要时期，因此，保护和引导中小学生心理健康发育和成长至关重要。

本套图书从不同角度引导和讲述了中小学生如何树立正确的性观念、学会保护自己、解决性困惑、促进性健康等知识，并向中小学生介绍了预防性病、艾滋病的基本知识，使中小学生在成长的过程中，正确理解性知识，培养积极健康的人生观。

introduction

人物介绍

>>>

朵洛洛

充满活力，具有恒心，为了目标坚持不懈，富有爱心和正义感。

杜子炎

聪明冷静，爱动脑子，有优秀的逻辑推理能力和创造力，关键时刻总能帮助团队化险为夷。

龙菲菲

活泼可爱，真诚善良，是一个和善、宽厚、温柔、美丽的女孩。

费嘟嘟

嫉恶如仇，爱助人为乐，体型较胖，是个大力士。

contents

目录

第1章

孙悟空抱来的孩子

不要担心，从物理学的角度来讲，未固定的圆规针尖还不足以刺穿像某某某这样的臀部皮肤。
啪！
啊！
啪！
这家伙又是从哪儿来的！？
嘻嘻～

我是从山东来的。我叫杜子炎。
请大家欢迎新同学杜子炎……
第二天
唉
龙菲菲，谁欺负你了？
杜子炎说他是从山东来的，我不知道自己是从哪儿来的，回家之后我就问妈妈。妈妈说……说我是从垃圾箱里捡来的……呜呜呜呜。
嗯，新来的杜子炎呢？
好像请长假了。

虽然你是从垃圾箱里捡来的，但我是不会嫌弃你的。
那你是从哪里来的？
耶？我也不知道唉……
爸爸，我是从哪里来的？
去去去，问你妈去……
唉呀！去问你爸去……
先去把垃圾桶里的垃圾倒了。

爸爸是不是在暗示，难道我也
是从垃圾箱里捡来的吗？
去倒完垃圾回来
我就告诉你。
爸，你不用说了，
我明白了！
啊？
哦！
哈哈哈！
……

儿子，快洗洗手
过来吃饭。
爸，妈，我真的是从垃圾箱
里捡回来的吗？
是啊。
哈
谢谢叔叔阿姨养了
我这么长时间，等我
长大有工作了，我会
还你们饭钱的。
没事没事，叔叔不收你
利息的。
谢谢叔叔。
乖孩子，爸妈养你是应该的，等我
们老了就该你养我们了，别胡思乱
想了，你长大自然就懂了……

原来我和龙菲菲都是
从垃圾箱里捡来的。
第二天
龙菲菲，我们，我们
都是苦命的人。
你怎么了？
我也是从垃圾箱里捡
来的小孩儿。
马晓飞也是从垃圾箱里捡来的，是不
是小孩子都是从垃圾箱里捡来的啊？
额，这个问题……
不如我们也去垃圾箱
里捡个小孩子玩吧！

又哭又闹地怎么办？
好啊。
那个，我先走
了啊！
?
我是快递公司送到家的，
不过不知道是谁寄的。
我是我爸给手机充话费的时候
人家送的礼品。

我是我妈用渔网从河里捞上来的。
我妈从山里找了一块很像小人的石头，然后她拿回家每天晚上睡觉的时候抱在怀里暖，暖着暖着石头就变成了我。
你们都是一些不知道从哪来的小孩，我可是从我妈妈身上掉下来的亲骨肉！
掉下来！
亲骨肉！
2007 年的 8 月 20 日，我妈突然觉得胳肢窝有点痒，一抬胳膊，我就掉下来了。
啊，好厉害哦！

捡来的
原来这么多人都是捡来的……
从这一点上就可以看出来你们注定要度过自己平庸的一生，而我，才是最具传奇色彩的孩子，未来的某一天，我的亲生爸爸一定会在一个万众瞩目的情况下出现，身披金甲圣衣，脚踏七彩祥云，来接我！
为啥？!
没错，你就是孙悟空带来的孩子，在5年前的一个深夜，他把你交给了我，并且告诉我将你藏匿在人间实属无奈之举，等你长大后，他就会把你接走。
太酷了！

听~
是啊，不如咱们也再要一个。
老王家新添的小女儿看着真是叫人喜欢啊～
嗯，爸爸的声音好像有点奇怪。
等会儿，等会儿……
嗯，妈妈的声音好像也有点奇怪。

难道爸妈准备再去垃圾箱里捡个小孩儿回来吗？
妈，我是白天还是晚上捡来的？
额，这个，好像是你爸爸下班路上捡的。

相关知识

人类的起源

我们似乎都问过同一个问题:“我是从哪里来的?”同学们想知道我们是从哪里来的吗?想知道我们的祖先是从哪里来的吗?现在就让我们一起认识人类的起源吧。

科学家们推测人类起源于类人猿,人类在进化的过程中从事各种劳动,身

体结构开始发生改变。前后肢分工，开始直立行走，会使用和制造工具，语言的产生以及智力的发展使人类逐步由类人猿演化为我们现在的人。

而我们又是从哪里来的呢？我们来自父亲的精子与母亲的卵子结合成的受精卵，受精卵在妈妈肚子里孕育大约十个月，我们便出生了。

第2章

朵洛洛的秘密行动

小朋友，你在找什么啊？
额，找……找……
哦，我找瓶子的。
唉，可怜的孩子，这么小就出来捡废品……
没什么，呵呵。

妈，老师最近让我们学雷锋，街上有个老奶奶捡废品可辛苦了，我决定每天放学早点回来，然后在附近的垃圾箱里找点塑料瓶给她。
这孩子真是长大了！
是啊，都这么懂事了。
我好高兴，好幸福啊！
叮铃铃……

放手！放手我就
告诉你们。
甩~
三十分钟之后
是这样的……
洛洛，你好可怜啊。
幸好我妈不想要小孩了。
唉，大人们以后怎么想也不一定啊，
以后我还是少吃点比较好，要不然
我妈会嫌我吃得太多，然后也……

不会啦，你一个人都吃那么多，你妈再去垃圾箱里捡个小孩子就没吃的给他了。
也许先把他扔回垃圾箱，然后再捡一个吃得少的也说不定啊。
好了，不如你们现在和我一起行动，这样，你们爸妈以后要是想要小孩了我也帮你们啊。
一分钟之后
你每天都去巡查小区垃圾箱，可是小孩子不一定只有垃圾箱里有啊。
实不相瞒，我家有垃圾箱捡孩子的传统。

于是，第二天三人都开始在放学之后巡查小区的各个垃圾箱。
请问你幸福吗？
其实我是从最近才开始感到幸福的，因为有两三个孩子，每天都会给我送瓶子……

后来，又有很多人加入这个以阻止朵爸朵妈再从垃圾箱里捡孩子的秘密行动中。
朵洛洛，我们为什么要检查垃圾箱？
不让我爸捡到小孩儿。
我们没发现垃圾箱里有小孩儿。
要是我们捡到小孩儿怎么办？
交给老师！

你们好！
小朋友，采访一下你们，为什么你们会每天捡废瓶子啊？
因为我们不想让爸妈知道我们秘密巡查垃圾桶的原因。
秘密巡查垃圾桶？小朋友，请问你们为什么要巡查垃圾桶呢？这位小朋友，等一会儿啊，就轮到你了。
因为朵洛洛的爸爸想要再从垃圾箱里捡一个孩子。

垃圾箱里有小孩儿?哪个垃圾箱里发现了弃婴?请问你们这位同学的爸爸已经捡到了弃婴吗?
……

儿子！儿子！
请问您家最近从垃圾箱里捡到弃婴了吗?
没有啊，最近也没见有关弃婴的新闻啊！
阿姨，朵洛洛说您和叔叔想再要个小孩儿。
没有啊，阿姨有洛洛一个就够了。
……
妈，你们不去垃圾箱里再捡个妹妹啦？

相关知识

男孩和女孩的不同特征

在婴儿时期，我们只能从生殖器官来辨别孩子的性别。随着孩子们进入青春期后，从外观上开始悄然变化：小男孩变成小小男子汉；小女孩也变成了亭亭玉立的大姑娘。

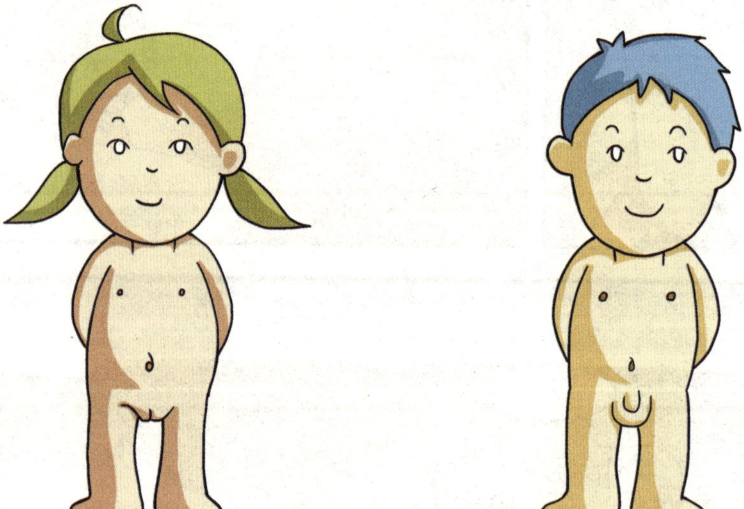

女孩子在 10~12 岁便进入了青春期，身体开始发生一些变化：

身体突然长得很迅速，体重增加，来月经，平坦的胸部开始发育，出现稀疏的阴毛，腹部和臀部变得肥厚，声音变得越来越悦耳等。

男孩子在12~14岁开始进入青春期后，身高迅速增长，骨骼变硬，肌肉变得发达，声音开始变得低沉，长出喉结、腋毛、阴毛和胡须。

第3章

宝宝是妈妈生出来的

那个总是吃得很多的大胖子阿姨？
她不是大胖子，她肚子很大，那是因为她肚子里有宝宝了。
小孩子？
是啊，以前我也跟张阿姨一样，肚子很大，那是因为你还在我肚子里，把你生下来之后，妈妈的肚子就恢复正常啦！
妈妈，你是不是跟西游记里吃了西瓜肚子变得很大的妖怪一样？
陈老师啊，看来明天得麻烦你了……
好的，好的，我知道了，明天我会安排一节课的……

第二天
小朋友们，今天是朵洛洛同学的生日，我们先来为他唱首生日快乐歌好不好啊？
好哦！
祝你生日快乐，预备起。
祝，你生日快乐，祝，你生日快乐……
你们知道自己的生日吗？
我们每个人都是自己的妈妈生出来的，从妈妈肚子里生出来的那一天就是我们的生日。

我知道小朋友们都很想知道妈妈是怎么把我们生出来的，对不对？
对！
现在有请王医生闪亮登场，为大家解答宝宝是怎么被妈妈生出来的，大家鼓掌欢迎！
大家好，我是王医生。
好帅！
好酷！
快点讲啦！
爸爸和妈妈起初是两个陌生人，有一天他们认识了之后都很喜欢对方，他们想以后永远都生活在一起，所以他们结婚了。结婚就是成为夫妻，每天一起睡觉一起吃饭。

恭喜～
你怀孕了
什么是怀孕呢？
我们的身体是由不计其数的细胞组成的，这些细胞各种各样，而且非常的小，这里像小蝌蚪形状的细胞和像小圆球一样的细胞都是我们用眼睛看不清楚的，必须放在显微镜下才能看清，这种小蝌蚪形状的细胞叫做精子，只有爸爸有，小圆球形状的细胞叫做卵子，只有妈妈有。
这两个细胞是怎么从爸妈身上出来的？
这个……这个下节课才讲到。

妈妈的肚子里有一个地方，就像一个小房间一样，这叫子宫，妈妈的小圆球也就是卵子细胞住在这里，爸爸的精子细胞会从他的身体里出来之后，从这个小门进入到妈妈的子宫里，然后其中一只小蝌蚪就遇见了小圆球。而怀孕就是爸爸的小蝌蚪和妈妈的小圆球合为一体了。
哦，原来这就是传说中的合体啊！
奥特曼合体。
小蝌蚪是飞进去的么？
不是。
精子是游进去的。
妈妈是在水里怀孕的？
不是，这位同学，下课再问老师问题。

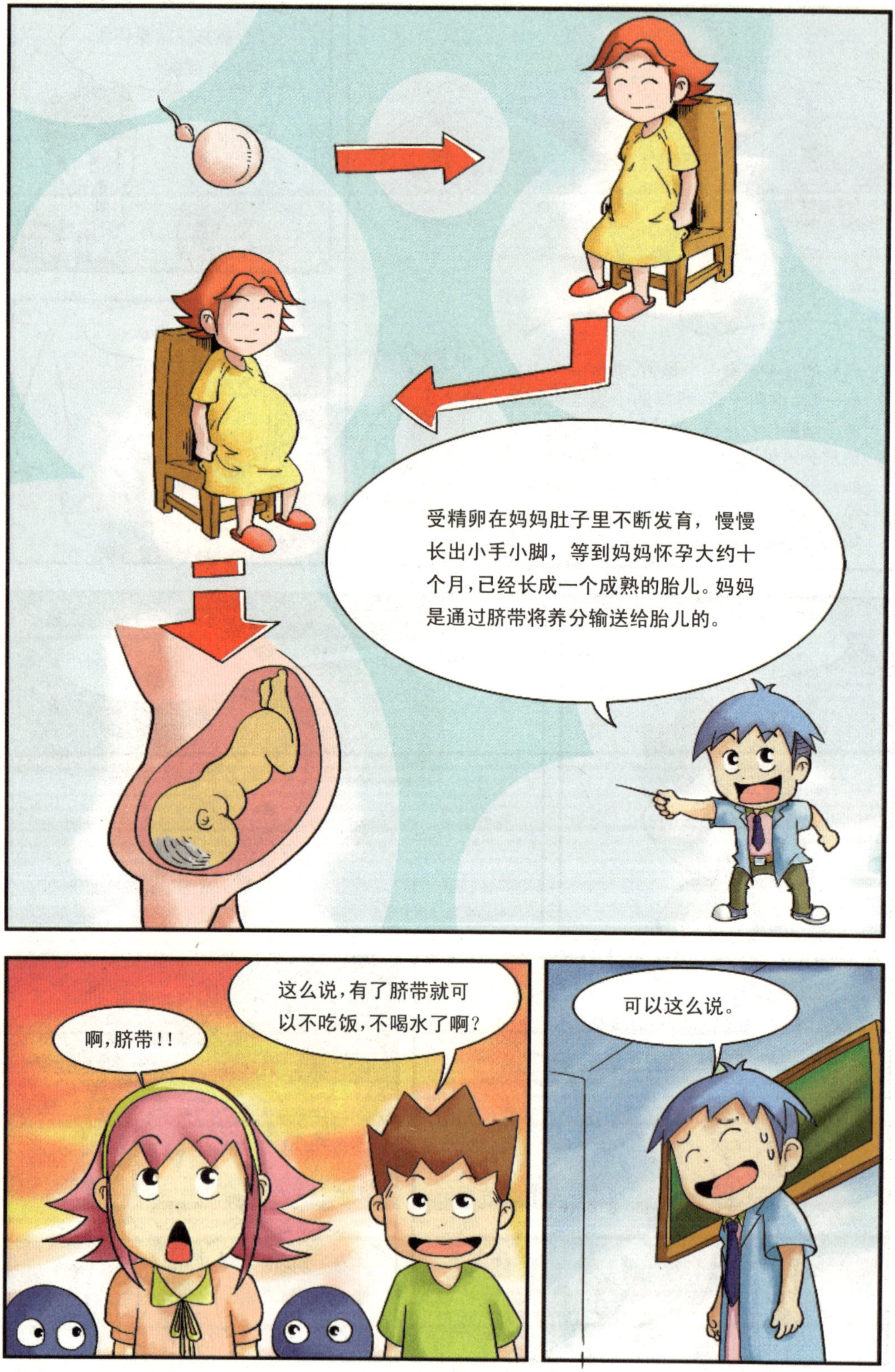
受精卵在妈妈肚子里不断发育，慢慢长出小手小脚，等到妈妈怀孕大约十个月，已经长成一个成熟的胎儿。妈妈是通过脐带将养分输送给胎儿的。
啊，脐带！！
这么说，有了脐带就可以不吃饭，不喝水了啊？
可以这么说。

手术中
等到妈妈怀孕十个月的时候，爸爸会把妈妈送到医院去，医生会帮助妈妈生下孩子。大家看这里，妈妈肚子里的宝宝会从妈妈的肚子里慢慢出来，等到全身都出来之后，医生就会剪断脐带，然后宝宝就慢慢长大了啊。

啊啊啊啊，原来我们都是妈妈拉出来的!!
额，我们这么大的粑粑，怎么说妈妈也算是比较辛苦吧……

不是不是的，同学们，生孩子和拉粑粑是不一样的啦。

相关知识

精子

进入青春期的男生，生理上也会发生一些变化。随着生殖器官的逐渐成熟，开始有遗精现象出现。那什么是精子呢？它是如何产生的呢？

男生进入青春期后，由于雄性激素的作用，睾丸内的精原细胞开始大量繁殖和增加，产生精子。

精子的主要功能是与卵子结合受精，完成受孕，产生新生命。

卵子

女孩进入青春期，卵巢开始排卵，基本每月排出一个成熟卵子。卵子是女性独有的细胞，卵子一旦与精子结合形成受精卵，一个新生命便即将开始。如果卵子不受精，子宫内膜逐渐萎缩、脱落、血管破裂，脱落了的子宫内膜汇同血液从阴道流出，称为月经。

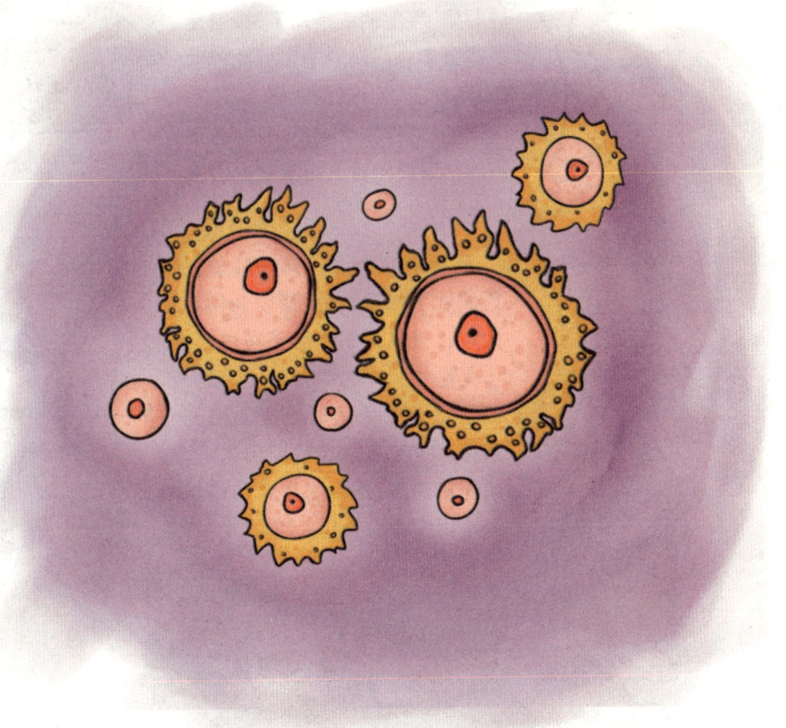

第4章

生日就是妈妈的受难日

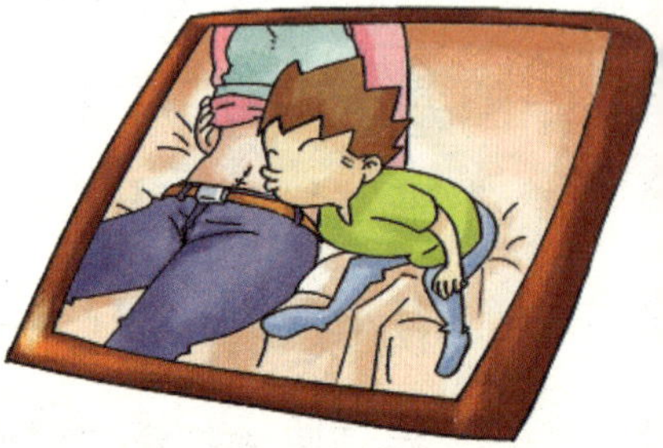

如果妈妈下次再生孩子，是不是可以再剪开那些线就能拿出小孩子呢？
不行，伤口很快会长好的，要是还想要生宝宝，可能还要再切开一次……
小宝宝可以在妈妈的肚子里尽情地玩耍吗？
是啊。
会玩奥特曼大战怪兽吗？
应该不会吧。
怀孕的妈妈是很辛苦的，而且生孩子也是很痛苦的事……

哦，我知道了。肯定不行啊，要是妈妈肚子里有两个小宝宝才能玩呀。
好吧！你是天才儿童，有的妈妈怀孕的时候肚子里是有两个小宝宝，这叫双胞胎。你们有没有见过长得一模一样的两个小宝宝呢，他们就是双胞胎。
有的妈妈还会生出罕见的三胞胎，四胞胎，五胞胎呢！
哇，好想有一个跟我长得一模一样的妹妹。
再生十个跟我一样的就可以踢足球了。

我也回家让我妈妈给我生足球队去。
我们国家因为人非常非常多，所以政府实行计划生育，提倡一个家庭生一个孩子就好啦！
好了，同学们，今天大家都知道自己是从哪儿来的了吗？
知道，我们是从妈妈的肚子里出来的。
妈妈把我们生下来是不是很辛苦？
是！

以后我们是不是应该听妈妈的话，
不要惹妈妈生气。对不对？
对！
今天的课就上到这里，来让我们一起
谢谢王医生为我们讲课。
啪
啪
啪
今天大家的家庭作业就是
回家亲一下妈妈的肚子，
然后谢谢妈妈生下我们，
大家记住了吗？
记住啦。

拍！
都这么大了，还想吃奶，羞不羞？
吃奶……
不是啦，我才不是要吃奶啊！

那你这是要干啥？
妈妈，谢谢你生下我。
妈妈爸爸因为喜欢小孩，才生下你的。
啊？
我和你爸爸认识以后，感觉彼此都非常喜欢，我们就结婚了，然后我们就有了你……
我们老师今天……

给你们讲了你不是从垃圾箱里捡来的，对吧？
对啊，而且布置的家庭作业就是亲一下妈妈的肚子……
所以你刚才是想……
不是，我只是想看一下你有没有因为我让医生在肚皮上切切切。
哦

儿子，你想不想摸一下。
嗯
妈，我是因为长得太大了，还是因为在你肚子里爱玩，才让医生切你肚皮的。
额，这个我还真不记得了。
当然是因为你爱闹腾啊，还没出生你就在我的肚子里老爱踢我。
啊，真的吗？

哎，我想起来了，怀你的时候我吃了多少苦啊。刚开始是吃什么吐什么，我心肝脾肺肾都快吐出来了，自从怀了你，我就没好好吃过东西，我告诉你朵洛洛，你要是还懂点事，你就应该孝顺你妈，以后不准再和你妈抢零食吃了。
以后家里的零食你先挑，剩下的是我的。今天的生日蛋糕都给你吃。
这还差不多。
妈，我现在去做作业了啊。
去吧！
什么作业？
其实我们的生日不是为自己过的，而是纪念妈妈的受难日。

相关知识

宝宝在妈妈肚子里是什么样子

胎儿在妈妈肚子里要生长十个月才可以出生，这十个月胎儿是怎样生活的呢？真的只是整天安静地睡觉那么简单吗？科学家们研究发现，胎儿也是个有血、有肉、有感情的小家伙，不信你来看看吧！

妈妈的卵子与爸爸的精子结合形成了一粒受精卵。宝宝就是由这个肉眼儿

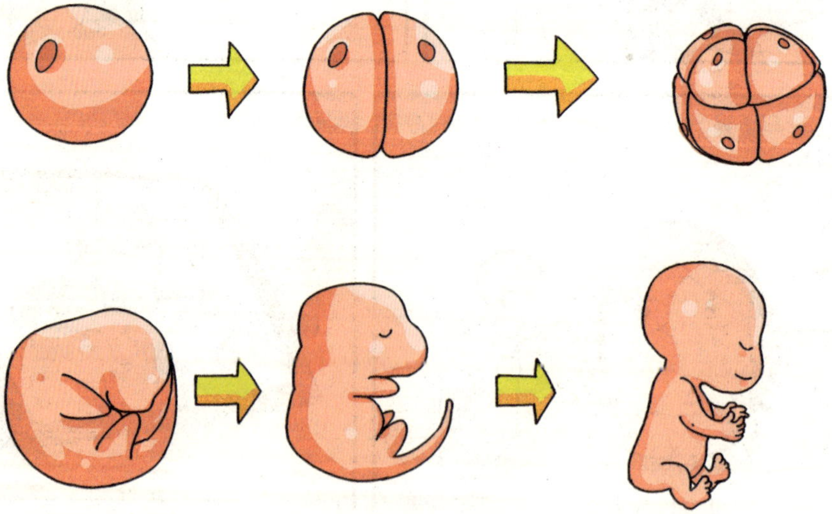

乎看不见的受精卵发育而来。怀孕 2~3 个月是胎儿各器官发育的最敏感时期，胎儿的脑部、眼睛、嘴巴、内耳、消化系统、手脚开始发育，心脏也开始跳动。宝宝在妈妈的肚子里慢慢成长，等到第七个月左右，宝宝就会踢妈妈的肚子。到了快十个月的时候，一个新生命就即将诞生了。

第5章

透明气球和高档纸巾

那又怎样，我妈最疼我了，我从来没说要气球，妈妈觉得我很乖就悄悄给我买了好多气球，放在家里……
真的吗？我不相信。
那我请你们周末来我家玩，我把气球都拿出来给你们玩！
好啊好啊！
周末
先喝汽水，我去拿气球给你们啊！
~瞄

翻～
哇，你家的气球还是带包装的！
那当然，这种气球很贵的！
上面有好多字母！
这是进口气球！
咱们比赛吹气球吧！

啪！
咦，什么声音……
竟然拿避孕套当气球吹！

第二天，朵洛洛在家看电视吃零食。
咦，妈妈拿着什么去了厕所。
卫生棉
五分钟后
抢走零食~
撒娇~
继续撒娇~
两个小时后
瞌睡
摇摇晃晃

不好，肚子痛，要去厕所。
对了，看看妈妈刚才拿的什么去的厕所。
哼，妈妈竟然用高级纸巾，让我用低档的卫生纸擦屁股。
翻～
五分钟后，在厕所。
好舒服啊。

一个小时后，朵妈睡醒了，去卫生间。
卫生间

老妈，我不就用了你一包高档纸巾么，你别这么激动行不行？
高档纸巾？
你平时买的衣服用的护肤品都比我和我爸的贵，你说你上厕所用的卫生纸都比我们高档，你也太欺负我们了吧！
欺负？
你把我零食全吃光了，我心里郁闷，就偷偷用了点你的卫生纸，你就别生气了，不过高档的东西就是高档的东西，这种纸巾用起来很柔软，还有香味呢！

哈哈
哈哈
不解~
儿子，你的喜剧天赋真是与生俱来的，我跟你说，这个不是高档卫生纸，这是卫生巾，而且只有女人能用，男人不能用。
为什么？男女平等！
这不是用来擦屁股的，男人用不着。
那是用来干什么的？
嘎
额……

儿子，如果你的手指流血了。是不是需要用创可贴？
嗯
其实妈妈身体上也有一个伤口，每个月的几天都要流血，所以这是用来擦……血的。
不好意思~
妈妈，你受伤了？
不是，女人都是这样，这是生理现象。
明天上课问老师。

相关知识

避孕套的作用

在国外，女孩子到了一定的年龄，有些妈妈就会偷偷在孩子的书包里放一包避孕套，为了在必要的时候减轻对自己的伤害。

作为避孕工具，避孕套和其他避孕方法相比，使用方便且没有副作用，避孕

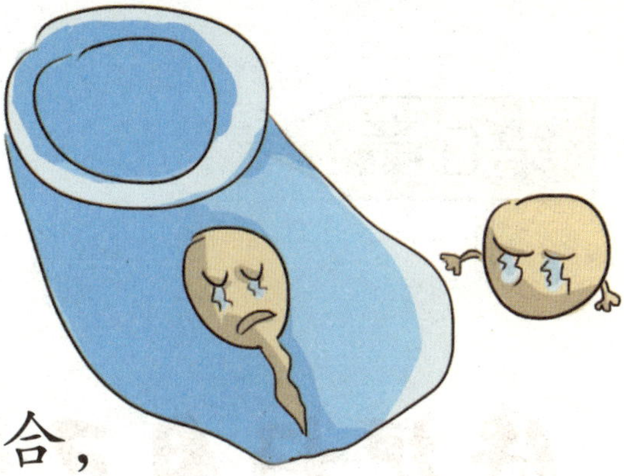

成功率较高。避孕套是以非药物的形式阻止受孕，主要用于在性交中阻止人类的精子和卵子结合，防止怀孕。

近年来，性病、艾滋病的传播危险性越来越大，因此，使用避孕套预防性病的观点逐渐为广大群众所接受。

第6章

保护好自己的私密

说不定还要让医生在我的肚子上切一刀，对不对？
对啊！
呜哇~
哎哟喂，我的乖女儿，这是怎么了？
妈妈，你为什么老说对啊对啊的！
……

妈妈，我好怕疼啊，怎么办？
女人总是成熟得可怕，她们会在小学一年级的时候就因为担心自己长大结婚后生孩子太痛而担忧地大哭。
朵洛洛你说话好像大人啊！
其实这是昨天我爸听完我对龙菲菲事情的描述之后说的话。
膜拜朵爸
嘻嘻
我怕痛啊……

菲菲啊，其实也没有那么疼的啦。
没那么疼是有多疼？
怎么描述？
其实，从小好好吃饭，多锻炼身体。生孩子的时候可能就没有那么痛啦！
真的么？

对啊！
等到你长大，可能你就不怕疼了，再说妈妈生了你，现在不也是好好地坐在这里吗？能让菲菲来到这个世界上，妈妈很高兴，感觉一点都不疼。
一定要好好保护自己的身体，只有保护好自己的身体，身体才不怕痛啊。
那就是要保护好这里和这里了。因为以后要生宝宝。

我跟你讲一下防护方法，一定要记清楚了。
菲菲，我给你看看我的小鸡鸡。
我才不要看！
那你给我看看你的嘛！
我才不给你看！
无论是男生还是女生，不可以把自己的私处露出来给人看，更不要去看别人的。

菲菲，我给你看看我的小鸡鸡。
好啊！
这是非常非常错误的行为，千万不要这样做，否则别人会笑话你们，而且这对你们也不好。
那你也让我看看你的。
好啊！
这是非常非常错误的行为，千万不要这样做。

干嘛呀？
少儿不宜。
不就是男人和女人在一起亲亲，有什么啊？

男人和女人一起玩亲亲的游戏不是不可以，不过这些事都是大人才能做的，不过妈妈也喜欢菲菲亲妈妈。虽然男女这种搂搂抱抱亲亲的行为没什么，可是在公众场合之下还是不要这样做。
为什么？
因为要顾及别人的感受，而且这些是私密的行为。

妈妈你有顾及我的感受么？
啊？
你每次在我面前也这么亲爸爸。
……
爸爸妈妈没有在公共场合，是在家里。
加上我有三个人，怎么不算公共场合？
……
额……我去做饭，我会改正的。

相关知识

脐带

胎儿在妈妈肚子里怎样吃东西、怎样呼吸呢？原来，胎儿在母亲肚子中所需要的氧气和营养物质，都是通过脐带从妈妈身上获取的。脐带一端与胎儿的肚子连接，另一端与妈妈体内的胎盘相连。脐带就成了胎儿获取氧气和营养物质的运输管道。

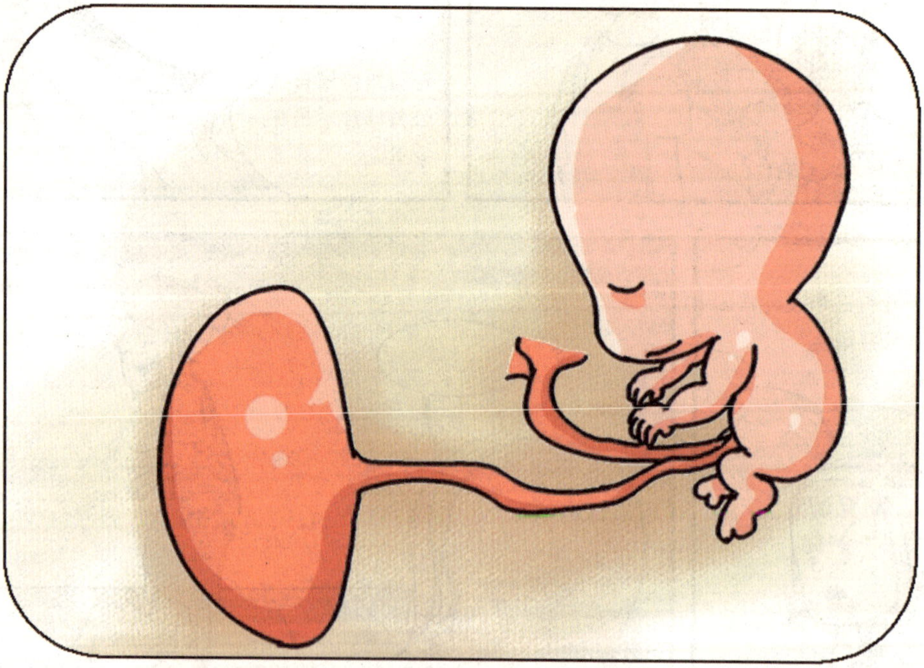

当婴儿出生后，脐带就失去了作用。所以出生后脐带就被剪了下来，于是就在肚子上留下了肚脐眼。

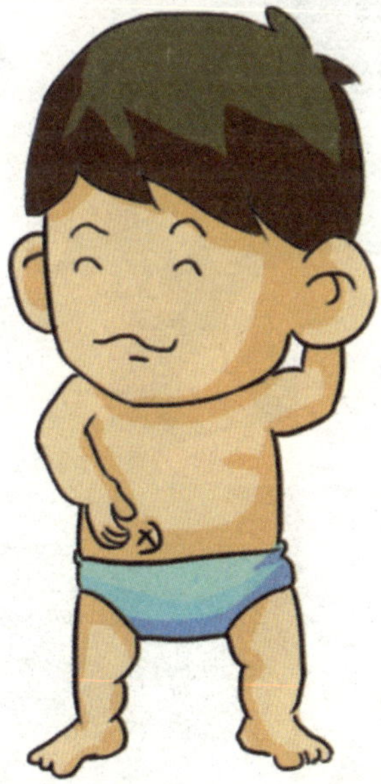

第7章

你不知道的危险

菲菲，你说得很对，妈妈要你一定记住保护好自己。还记得妈妈跟你讲过的小红帽和大灰狼的故事吗？
记得，大灰狼骗小红帽说自己是外婆。
谁是小红帽？
我是小红帽。
谁是狼外婆？

是爸爸。
哈哈~
那是你爸爸假扮，咱们玩游戏来着。
……
再说，好好想想，谁是狼外婆？
陌生人？
还记得妈妈跟你说过的不能随便跟陌生人说话吗？
记得。

啊！
这世界上有好人就有坏人，有小红帽就会有狼外婆。
啊！

为什么不能跟陌生人说话？因为他——有可能——很有可能——是坏人 。
坏人们很会骗小孩子跟他们走，一旦你被陌生人带走，你们可能会有以下几种遭遇。
抢劫
拐卖掉
强迫乞讨
绑架

这里是我们的私处，不可以给任何人看，更不可以给任何人碰，除了妈妈和医生之外。
这也是我们身体上最脆弱的部分，被人伤害会非常地疼。
为什么是我？
这更是我们拥有的宝贵的身体器官，如同我们的眼睛，一定要保护好。

所以，千万不要随便跟
陌生人说话！
更不要跟陌生人走！
出门在外的时候，一定要跟爸爸妈妈在
一起，千万不可以乱跑！

来，叔叔这里面有小鸟，快来看看！
请注意：这个人是坏人！速速远离！
请注意：这个人是坏人！速速远离！
小姑娘，让叔叔看看你衣服里有什么，好不好？
请注意：这个人是坏人！速速远离！

那边的屋子里灯坏了，来帮叔叔递一下灯泡。
请注意：这种事还是让他自己去做吧！因为可能会出现下面这种情况。
嘻嘻嘻
所以呢，为了防止有可能出现的危险，要记得即使是有些熟悉的叔叔，也不要很相信他哦。珍爱生命，远离怪叔叔！

如果你真的遇见了怪叔叔，除了马上离开之外，可以这样……
大哭大叫喊爸妈救命！
救命啊！
救命啊！
救命啊！
使劲咬坏人一口，然后一边大哭大叫喊爸妈救命一边快跑，跑得越快越好！总之，大声求救让你周围的人知道你有危险，给予你保护和帮助。

相关知识

女生要保护好自己

随着强奸，猥亵儿童，猥亵妇女，强迫、组织、引诱卖淫等性侵害案件越来越多。

在日常生活中，女孩子要保护好自己。不要单独去陌生的地方；不要独自待在僻静的地方；夜晚不要单独外出；外出活动要征得父母的同意，并告诉父母去什么地方，行走的路线，活动时间。

不要轻易相信陌生人，不要接受不太了解的人给的钱或礼物；不要吃不认识的人送来的食物和饮料；不要跟不认识的人外出；不要搭陌生人的便车；一个人在家的时候要把门窗关好；不要轻易让外人进屋。

第8章

爸妈神神秘秘地在做什么

妈妈，我要跟你一起睡。
洛洛，你长大了，要自己睡了。
为什么长大了要自己睡？
因为长大了，洛洛是男子汉了，男子汉要自己睡。
那爸爸也是男子汉啊，他为什么不自己睡？
Z
Z

两年前
噔噔噔噔……
噔噔噔
啊？

你你你你……你进来干嘛？
怎么不知道敲门啊。
啊，我只是想来提醒一下妈妈明天我要吃鸡腿饭，不要忘记了。
额，爸爸妈妈，你们为什么都不穿睡衣睡觉啊？

额，因为天很热啊。
爸爸也感觉很热吗？
是啊是啊，爸爸也很热……
那你们为什么还要盖被子？

小时候我真的好奇怪，为什么妈妈不让我跟她一起睡觉。
是啊，他们还经常不穿睡衣睡觉。
现在终于知道了。
大人真是好麻烦啊。
是啊，说谎应该也蛮累的吧。

费嘟嘟你家还有透明气球么？
哎呀，避孕套都是爸妈花钱买的，比气球贵，我妈已经给我买气球放家里了。
为什么我在我家就没有找到我爸跟我妈的避孕套呢？
呃…
会不会是你妈藏得比较奇怪。
不会啊，我们家的什么东西我都能找到。
哈哈～

可能我妈用卫生巾避孕吧？
什么是卫生巾？
我妈妈也有。
就是一种看起来包装很好的很高档的纸巾。
电视上说用了那个卫生巾就可以睡个好觉了，还可以好好骑车了、打球了、跑步了……
这么说来，这个东西好万能啊，所以也会避孕吧。

额，难道我没有给孩子们讲月经的事情么？
我妈妈说这个是女人才可以用的，而且小孩子不能用。
看来我们要等到龙菲菲长大，才能知道卫生巾到底是用来做什么的。
哈哈～
龙菲菲，你长大了一定要告诉我啊！
哼，我才不告诉你们！

嗨
朵洛洛的表哥，与朵洛洛一样充满活力。
你猜爸爸妈妈为什么一到晚上就神神秘秘不知道在做什么？
做爱吧。
噗

正确对待性行为

性行为是成年人繁衍后代及人类社会发展的基本内容之一。中小学生的身体处在成长发育期，性意识开始觉醒，但身体和心理却都是不成熟的，还没有形成良好的人生道德观和价值观，这时候的性行为是错误的，是我们极力要反对的。

但是，也有不少处于青春期的孩子偷尝禁果，结果种下了晦涩的“苦果”。女孩子在少女时期便要承担做母亲的责任，男孩子也为此付出各种代价。这样不仅对心理影响很大，而且对还没完全发育好的身体也有不良的影响。

处于青春期的孩子如果不幸受到性侵害，一定要及时向家人求助，爸爸妈妈会保护自己的孩子的。

第9章

孩子是爱的结晶

哈哈哈哈！
有什么好笑的？
果然是从垃圾箱里捡来的孩子，连上课跑得都慢！
你是孙悟空的孩子，也就是说你是猴子生的！
你才是猴子！

用达尔文的学说，人类都是猴子变的，但是当人类还是猴子的时候，离现在估计有几十万年了。
喂……大家请不要无视老师的存在!!
通过我们上的这几节性教育课，大家应该都知道，我们既不是从垃圾箱里捡来的，也不是齐天大圣或者奥特曼带来的。
告诉老师，我们是……
猴子变的!

这不是性教育课堂的重点！
老师，我知道，我们是父母生出来的！
还是朵洛洛懂事！那你说说父母是怎么把我们生出来的啊？
父母是在垃圾堆里把我们生出来的！
不是那么一回事！
那么伟大的事情居然被你们这些小男孩说成这样！

呵呵～
我们是父母相爱的结晶，因为相爱他们才会在一起，因为在一起所以才有了我们。
具体地说，就是爸爸身体内蝌蚪一样的精子和妈妈身体内的卵子的结合！
那是什么……
简单说来，我们人类都是从精子和卵细胞受精开始的。

……………
我说的是事实。
要不要这么具体啊！
反正爱是基础啦！
说得有道理。
……
数天后

杜子炎你请假请了好长时间啊。
嗯，我跟着妈妈去了外地。
哇，你们去旅行啊。真棒！
不是啦，我妈妈去外地生孩子。
生孩子？为什么要去外地呢？

因为那边的医院条件比较好。
那你也跟着去了？
是啊，因为我妈妈怕我没有人照顾。
哎，不对啊，你怎么知道生孩子的事情。
只是比你聪明了一点。

那你知道什么是做爱么？
做爱是人类对自身繁衍行为的一种称呼。
成年人喜欢做爱，这样的行为是他们表达爱意的一种方式，这样令他们觉得十分美好。
这……这都能从书中看到啊？
没看过《人从哪里来》么？这本书上都有介绍的！
那你知道避孕套是干嘛的吗？

你问这么幼稚的问题做什么?避孕套不是用来避孕的么?
……
为什么你什么都知道！不可能啊！
我不服你啊！

相关知识

同卵双生子

同卵双生子是由一个受精卵在分裂过程中，分裂成两个或多个独立的胚胎细胞或细胞群体，它们分别发育成不同的个体。这样出生的孩子有着相同的遗传特性。他们的性格和长相都很相像，有时连父母都会认不出来哦！

同卵双生子

异卵双生子

异卵双生子指的是有的时候，母体一次可能排出两个或两个以上卵子，如果这些卵子都同时受精，那么就会形成双胞胎或多胞胎，这样的双生子称为异卵双生子。这样出生的婴儿长相不同，性别也有可能不同，被称为龙凤胎。所谓的双胞胎其实绝大多数都是这种方式。

异卵双生子

第10章

杜子炎的弟弟

女性月经期间使用的卫生用品。如果你想知道详情可以等放学后来找我，不过我这里是付费咨询。
你……！
……
可能再过不久，还要请王老师来给我们上课。
孩子们的好奇心永远也满足不了啊！

杜子炎你还没告诉我那个呢！
哪个？
就是……那个……上课前说过的那个。
嘻嘻！

你们在说什么呢？
就是……为什么女生会有月经。
讨厌……突然问人家这种问题。
为什么……为什么……这时候……会脸红？
对了，听说你有了个小弟弟。
是啊是啊，一起去我家看看吧。

哇，好可爱的小弟弟啊。
是啊，我小时候也跟这一样吧。
你们不要吵醒他啦，小声一点。
切，早知道我让我妈妈也给我生一个。
曾经有人为了阻止妈妈生弟弟而发动大家都去垃圾箱检查有没有婴儿。
……

哈哈哈哈，这人是谁啊？
这人笨死了，他一定以为自己是爸爸妈妈从垃圾箱里捡来的。
就是本人。
谁让爸妈告诉我们孩子是从垃圾箱里捡来的呢？
不如让他们买这本书去给孩子看哦。

喂，你们说人生下来时这么小，之后怎么会长得那么高大？
随着年龄的增长，人身体的各项机能都会完善，随着第一性征和第二性征的出现，人的身体器官就会有不同的表现。
我好想看看自己将来的样子。
别做梦了，我们的漫画设定就是……年龄……不会增长。
这……这……不是……真的。

所以啊，你们还是死了这
条心吧。虽然我也想长大
……
我要长大！
嘘，你看你们，把他
都吵醒了。
哇～

他好漂亮。
是啊，我们小的时候也是这样吧！
我们终于能看到小孩子是怎么长大的了！
其实……你自己就是个小孩子吧……
那又怎么样！

所以啊，女孩子看到小孩
就会显出母爱。
那他是不是也跟我一样不会做数学题啊？
哎呀……朵洛洛还跟小孩子作
比较啊！
怎么可能……我可是
大人啊！只是……

相关知识

心理卫生保健

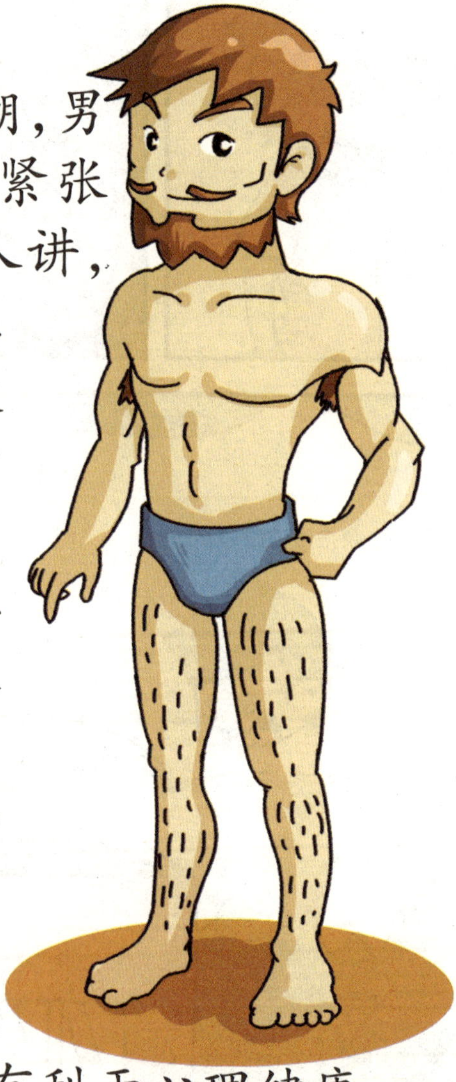

女孩对月经初潮，男孩对初次遗精感到紧张和恐惧，又不敢对人讲，造成很重的心理压力，所有这些都促使青少年对性知识的渴求和兴趣。

这种要求是正常和合理的。有健康的性知识指导，可以消除神秘感、邪恶感，改变对性知识的误解，使青少年对自己的生理、心理变化有充分的思想准备，有利于心理健康。

随着生理发育和对性知识的逐步了解，男女生便渐渐地从对异性的疏远到表现出一种喜欢接近异性的心理。这时，陌生感与畏惧感渐渐消失，对异性产生好感也是健康的心理表现。这个时期要自觉地学会怎样与人相处，正确认识自己，建立良好的人际关系，使自己保持一种良好的心理状态。把主要精力用在学习上，不要早恋。

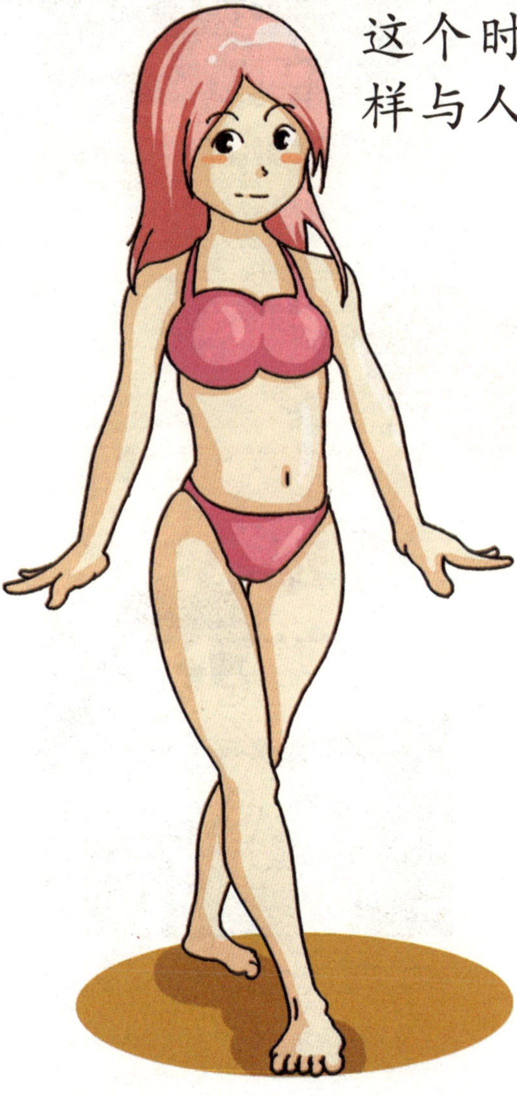

《为生命护航》通过转校生小杰的故事为大家普及了性病、艾滋病的相关知识，了解了预防性病、艾滋病的常识，并且告诉青少年如何正确对待和关爱艾滋病患者，培养积极健康的人生观。

《花开的季节》让女孩子了解自己身体的秘密，对青春期所产生的种种困惑进行解答和疏导，告诉女生怎样远离危险，防范性侵，学会保护自己，让美丽的花朵在阳光下绽放。

我们是从哪里来的？是从河里捡来的吗？这是很多小朋友都会问妈妈的问题。《人从哪里来》这本书从不同的角度讲解性教育知识，帮助青少年正确理解性，解除性困惑。

《悸动的心思》让男孩子了解自己身体生长发育时会出现的生理变化，介绍了青少年犯罪的危害和如何远离犯罪等内容，解答了男孩从身体到心理的各种困惑，帮助男孩子们顺利度过青春期。